CONGRÈS NATIONAL DES SOCIÉTÉS FRANÇAISES DE GÉOGRAPHIE
Paris, Août 1900.

LA COCHINCHINE

AU SEUIL DU XXᵉ SIÈCLE

Par

Louis IMBERT

Secrétaire adjoint de la Société de Géographie Commerciale de Bordeaux.

BORDEAUX

IMPRIMERIE J. DURAND, 20, RUE CONDILLAC.

1900

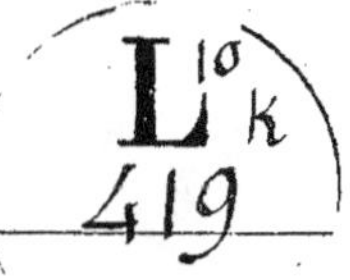

LA COCHINCHINE

AU SEUIL DU XXᵉ SIÈCLE

Par

Louis IMBERT

Secrétaire adjoint de la Société de Géographie Commerciale de Bordeaux.

BORDEAUX

IMPRIMERIE J. DURAND, 20, RUE CONDILLAC.

1900

TABLE DES MATIÈRES

LA COCHINCHINE

AU SEUIL DU XXe SIÈCLE

La Cochinchine occupe en Asie, parmi nos possessions d'Extrême-Orient, une situation privilégiée.

Au sud de la péninsule indo-chinoise, sur la route de France et de l'Inde en Chine, à proximité du détroit de Malacca, non loin des Philippines, notre colonie est située à 215 lieues marines de Singapore, à 310 de Hongkong et à 840 de Takou ; elle est à 7 jours de Tien-Tsin et de Pékin.

Baignée à l'ouest par le golfe de Siam, au sud-est par la mer de Chine, elle semble placée là, en vue de l'avenir, comme un grenier d'abondance où viendront s'approvisionner la Chine et le Japon.

Le Mékong, après un cours de 4.000 kilomètres par le Tibet, le Yunnan, le Laos, le Siam, le Cambodge, arrose la Cochinchine ; le grand fleuve et ses satellites les deux Vaïco, la rivière de Saigon, le Donnaï fertilisent ses plaines, lui apportant la fécondité, la richesse, l'abondance.

De nombreux arroyos sillonnent ses riches campagnes, ses rizières et ses forêts, ses villes et ses villages.

Malgré le peu de place qu'elle tient sur la carte, cette colonie est entre toutes la plus riche, la plus prospère ; elle a aussi le grand avantage d'être la seule de nos possessions d'outre-mer qui ne coûte rien à la France.

Sa superficie, environ 60.000 kilomètres carrés, représente les *onze centièmes* du territoire de la France ; sa population atteint 2.500.000 âmes (c'est-à-dire 42 par kilomètre carré, France, 72). — Les Européens sont au nombre de 6.000, dont 1.500 hommes de troupes françaises, les Chinois dépassent 100.000 et les Annamites 2.200.000. — Le reste de la population est composé de Malais, Cambodgiens, Indiens, Moïs.

Saigon, sa capitale, est une des plus belles villes de l'Extrême-Orient, sa population est de 45.000 habitants, dont 4.500 Européens (1000 hommes de troupes compris).

De beaux monuments ont été construits par nos compatriotes : le palais du Gouverneur, la Cathédrale, l'hôtel des Postes et Télégraphes, l'Hôpital militaire, le collège Taberd, le Palais de Justice, la Sainte Enfance, etc.

La Société des Missions Etrangères de Paris a la direction du culte catholique en Cochinchine; ses chrétientés, ses écoles, ses institutions de bienfaisance et de charité sont florissantes. — Saigon est le siège d'un évêché (vicariat apostolique de la Cochinchine occidentale).

De larges voies, de belles avenues, des jardins, de gracieuses et coquettes maisons d'habitation, des villas et des promenades y procurent aux Européens les agréments de la vie confortable et large dont on vit si grandement à Saigon, depuis quelques années surtout.

Le jardin botanique, le jardin de la ville, le boulevard Charner, la rue Catinat, la rue Nationale, le quai du Commerce, la promenade de la route de l'Inspection, sont principalement à citer.

Les rues sont plantées de manguiers, tamariniers et autres beaux arbres, la ville est éclairée à la lumière électrique.

A 5 kilomètres de Saigon se trouve Cholon, la ville chinoise ; sa population est de 165.000 habitants, dont 50.000 Chinois environ.

C'est là que les Fils du Ciel ont concentré leur commerce, leurs industries, leurs coutumes, leurs habitudes; ils y vivent de la vie dont ils auraient vécu dans leur pays : travaillant, trafiquant, économisant à l'abri de nos lois, sous notre protection, mais chez nous. Boutiques, pagodes, jeux, fumeries d'opium, associations, tout y révèle la Chine, la vraie Chine, vivante, remuante, bruyante même. Plus heureux sous le régime européen que sous l'autorité des mandarins et vice-rois, ils attirent leurs compatriotes en Cochinchine et les appellent à partager le profit de leurs opérations. Le peuple n'est pas, selon nous, l'ennemi de notre civilisation : tenace, sobre, industrieux, le Chinois réussit partout où il entreprend quelque chose ; il s'implante, étudie et accapare le commerce, l'industrie, les métiers, depuis le petit marchand ambulant jusqu'au grand directeur des décortiqueries à vapeur modernes !

Autour de la capitale sont groupés les arrondissements et leurs chefs-lieux, Bienhoa, Mytho, Gocong, Vinhlong, Cantho ; enfin, à 70 kilomètres de Saigon, à l'entrée de la mer, le cap Saint-Jacques, station balnéaire où les colons viennent passer, quand le temps le permet, quelques jours de repos, loin du tracas des affaires; on y a construit de fort belles habitations. *Autres villes.*

I. — Agriculture.

Il y a en Cochinchine environ 1.400.000 hectares de terrains de montagnes, marécageux, incultes et salines, et 800.000 hectares de broussailles : les terrains bâtis et le domaine public forment 220.000 hectares. *Agriculture.*

Les bois et forêts couvrent 1.700.000 hectares ; les essences principales qu'on y trouve sont : le trac, le teck, le vap, le saû, le gô, le cam-lai, etc., la coupe des arbres y est réglementée et tarifée.

Les cultures occupent *un quart* seulement de la superficie totale de la colonie. *Cultures.*

Les plantes alimentaires riz, maïs, haricots, patates, ignames, navets, représentent 1.230.000 hectares de terres cultivées. *Cultures alimentaires.*

Les jardins maraîchers et des particuliers sont travaillés avec succès aux environs des villes, ils fournissent des légumes en abondance ; leur superficie atteint 20.000 hect.

Voici comment se décomposent les cultures industrielles et arborescentes :

Aréquiers	32.500	hectares.
Cocotiers	16.000	—
Palmiers d'eau	15.000	—
Cannes à sucre	9.000	—
Bétel	8.500	—
Arachides	8.500	—
Bananiers	7.000	—
Tabac	3.500	—
Ananas	2.500	—
Cotonniers	2.000	—
Muriers	2.000	—
Manguiers	2.000	—
Poivriers	1.500	—
Orangers	1.000	—

Les autres plantes arborescentes indigotiers, cacaoyers, citronniers, mangoustaniers, tamariniers, jacquiers, pamplemoussiers, couvrent 4.000 hectares.

Le bambou joue un rôle important dans la construction des barques et cases indigènes, dans la confection des nattes, meubles et objets de vannerie, il occupe une superficie totale de 4.500 hectares, et fait l'objet d'un commerce très actif entre les annamites.

Le café est représenté par 162.000 pieds environ ; différentes espéces de plantes à caoutchouc, le jute, la ramie, et quelques plantations de thé complètent la série des cultures riches.

Les produits les plus importants de l'agriculture sont :
Le riz, le poivre, le coprah.

Riz. — Le riz est le produit par excellence, celui qui fait la richesse de la Cochinchine, sa prospérité ; son avenir est intimement lié à la culture plus ou moins développée de ce produit, qui sera une source de bien-être pour la colonie.

Le riz (*Oryza sativa*) couvre les *trois quarts du sol cultivé* de la Cochinchine ; le terrain y est particulièrement propice et les rizières doivent être la préoccupation de tous ceux qui s'intéressent à l'avenir des cultures en ce pays.

En 1878, il y avait 300.000 hectares de rizières; aujourd'hui on en compte 1.200.000 hectares en chiffre rond. — *Superficie plantée.*

Les riz rendent plus ou moins, suivant les terrains où ils sont cultivés.

Dans quelques provinces ils ont donné jusqu'à 50 piculs de 60 kilog. par hectare, mais ce chiffre est un maximum, car le rendement des dernières années ne dépasse guère 1.800 à 2.000 kilog.

Certaines rizières donnent (suivant le degré de fertilité du sol) de 1.100 à 2.500 kilog. par hectare. — *Rizières.*

Les ensemencements se font vers mai-juin; le repiquage des plants vers juillet-août; la maturité a lieu en décembre-janvier, et la récolte se fait en janvier et février. — *Culture du riz.*

Les diverses opérations de la culture des riz varient, comme époque, avec les localités et l'état plus ou moins avancé de la saison des pluies.

Dans quelques arrondissements traversés par des cours d'eau, arroyos ou canaux, dont les crues annuelles ont une grande régularité, toutes ces opérations (semailles, repiquage, récolte) se font à des époques à peu près fixes. — *Inondation.*

Dans les provinces où les rizières ont besoin de pluie, cette culture, on le comprend, présente de plus grandes variations.

Pour préparer les semis, on choisit un terrain qu'on pourra saturer d'eau facilement. On remue le sol, on arrache les mauvaises herbes ; on divise les emplacements en carreaux entourés de « levées de terre » ou petites digues qui permettent à l'eau de pluie de s'y accumuler. — *Semis.*

Puis on sème le riz. Parfois les Annamites voient leurs semis détruits par les rats, la trop forte chaleur ou la sécheresse, avant que le grain ait germé.

Au bout d'un mois à six semaines, quand le riz a atteint 15 à 20 centimètres de hauteur, il est bon à repiquer. — *Repiquage.*

Après avoir préparé les rizières par des labours et des hersages, on commence le repiquage.

Cette opération se fait en transportant les plants dans des terrains plus étendus, où, étant plus espacés, ils se développent ; et, à l'aide d'une irrigation bien comprise, et et qui varie suivant les moyens dont on dispose, les riz bien soignés arrivent à maturité après quatre ou cinq mois.

La récolte se fait à la faucille.

Récolte. Une fois récoltés, les riz sont mis en meules ; on les dépique, puis on les vanne. Ils sont ensuite ensachés et dirigés vers là ville où l'acheteur en prend livraison, soit pour la consommation locale, soit pour l'exportation par Cholon ou Saigon vers la France et l'étranger.

Exportations. En 1878, la Cochinchine avait exporté 250.000 tonnes de riz, valeur 42 millions de francs.

En 1899 l'exportation a été de 800.000 tonnes en chiffre rond, valeur 88 millions de francs.

Production. En calculant la consommation des indigènes, la nourriture des animaux, la fabrication de l'alcool, la réserve pour la semence, on peut estimer que la production annuelle dépasse 2.200.000 tonnes de riz en paille ou paddy.

Qualité du riz. Les riz les plus appréciés sont ceux de Gocong, de Baixao, puis les provenances de Vinhlong. L'arrondissement qui donne le plus comme quantité est celui de Cantho.

Les Chinois, grands appréciateurs de riz, donnent toujours la préférence aux riz de Cochinchine sur les provenances de Siam et de la Birmanie, parce qu'ils les trouvent plus savoureux.

Avances aux indigènes. Les Annamites, pour travailler leurs rizières et pourvoir à leurs besoins en attendant la récolte, ont recours à des avances qui leur sont fournies soit par des Chinois, soit par la Banque de l'Indo-Chine, à titre de prêts sur récolte, avec garantie et contrôle des chefs de villages.

Les avances sont remboursées, au moment de la récolte, avant toute vente à l'extérieur, et quand l'année est bonne, les indigènes jouissent d'une aisance qui se répercute sur les affaires commerciales de l'année dans tout le pays.

Impôt. Les rizières sont, au point de vue de l'impôt (impôt foncier), réparties en trois classes soumises à un droit spécial annuel qui, ajouté aux droits de sortie sur les riz et paddys, rapporte à notre colonie une recette de *douze millions de francs* environ, provenant de la seule culture du riz.

Poivre. — On exporte de Saigon une grande quantité de poivre qui va chaque année en augmentant.

Le poivre est le fruit du *poivrier*, genre de liane cultivée avec succès en Cochinchine et au Cambodge. Le poivrier est une plante grimpante, grêle, noueuse ; ses feuilles sont alternes, ovales-acuminées, penninerves. Ses fleurs sont disposées en chatons ou grappes allongées. Son fruit, de forme sphérique, a la grosseur d'un petit pois. D'une saveur âcre et aromatique, légèrement charnu à l'état frais d'abord verdâtre, puis rouge et brun, il devient noir en séchant : c'est le *poivre noir* du commerce.

Recouvert d'une pelliculule fine un peu ridée, il contient une substance dure et compacte ; il existe, à son centre, une fossette vide et blanche dont l'intérieur est acide et brûlant ; sa saveur est due à une huile concrète peu volatile, la *pipérine*, matière cristalline qui se trouve dans le grain.

Le *poivre blanc* est le produit de la même plante ; c'est tout simplement le poivre ordinaire débarrassé de sa pellicule extérieure, soit naturellement, soit par des moyens artificiels, ou qui a été blanchi par des procédés variés. A poids égal, il contient plus de pipérine ; il est d'un prix plus élevé.

Il y a en Cochinchine deux centres de culture du poivrier : Bien-Hoa et Hatien. Ce dernier est particulièrement important par les plantations de Baiot, Hon-chong et Rach-Dung.

Au moment de la floraison et de la maturité, les plantations sont d'un merveilleux effet. Les plants poussent et se développent enlacés autour de piquets d'appui ou tuteurs, terminés en forme de fourche, qui s'élèvent à plus de 2^m50 au-dessus du sol.

Le poivrier ne porte pas de fruits avant trois ans. On estime qu'à cet âge un pied peut donner 0 kilog. 135 de poivre ; de six à quinze ans, époque de sa plus grande fécondité, il produit au moins 1 kilog. 750 annuellement ;

certains pieds donnent même jusqu'à 3 kilog. de graines. Aprèstrente-cinq ans, le poivrier dégénère et ne produit plus.

Maturité. Le poivre arrive à maturité au mois de décembre, la récolte se fait en janvier-février, les premières expéditions de Saigon pour l'Europe commencent ordinairement en mars-avril.

Plantations. En 1898, le nombre des poivriers en plein rapport était pour la Cochinchine de 692.000 pieds.

Les poivres de Saigon, soigneusement vannés, sont emballés en sacs de gunnies de 60 kilog., puis expédiés à Marseille, Bordeaux, Nantes et le Havre, qui sont nos ports habituels d'importation directe. On les réexpédie de là vers les marchés de l'intérieur.

La qualité de ces poivres est très appréciée des consommateurs français.

Loi douanière. La loi douanière de 1892, en accordant un régime de faveur aux poivres coloniaux à leur entrée en France, a eu pour résultat le développement des plantations de poivriers en Indo-Chine et l'augmentation des exportations vers la métropole.

Avenir de cette culture. Les poivres de Saigon acquittent un droit de douane de 104 francs par 100 kilog., à leur mise en consommation, au lieu de 208 francs appliqués aux poivres étrangers.

Pour profiter de ce privilège, ces poivres sont accompagnés d'un certificat d'origine délivré à Saigon ; c'est sur les indications fournies par l'estimation de l'état des récoltes sur pied que sont établis ces certificats. Une plus grande modération de taxe à l'entrée des poivres coloniaux serait désirable ; les agriculteurs de Cochinchine, comme les négociants, espèrent même que le Parlement finira par voter l'admission en franchise des poivres de l'Indo-Chine française.

Au Cambodge. Les *trois quarts environ* des poivres exportés de Saigon proviennent des plantations du Cambodge, où il y a actuellement 3.710 plantations de poivriers.

Ces plantations comprennent 3.557 planteurs, 672.325 pieds en rapport, plus 1.101.235 pieds encore jeunes et qui produiront dans quelques années seulement.

Les planteurs sont ainsi répartis : 1.672 Cambodgiens, 1,840 Chinois et 45 Annamites ou Malais.

La moyenne des plantations appartenant aux Cambodgiens représente 113 pieds par unité de planteur. Il y a aux mains des Chinois 848 pieds par unité de planteur.

On calcule qu'une plantation de 400 pieds en plein rapport produit une moyenne de 600 kilos de poivre par an.

L'année 1899 a donné comme exportation totale, par le port de Saïgon : 2.016.900 kilos de poivre (Cochinchine et Cambodge réunis). En 1898 on avait exporté 2 millions 325.200 kilos.

Exportation
totale.

La consommation annuelle de la France n'atteint pas, on le sait, 3.000.000 de kilos; on estime que d'ici quelques années, trois ans au plus, les poivres de l'Indo-Chine suffiront à alimenter la métropole.

Plus tard, le surplus de production trouvera un débouché sur les autres marchés d'Europe.

Il est donc sage et de bonne administration de favoriser la culture des poivriers dans notre belle colonie indochinoise.

Coprah. — Le *coprah* est l'amande desséchée de la noix de coco (fruit du cocotier), prête à être mise dans le moulin pour l'extraction de l'huile.

Fruit
du cocotier ou
coprah.

On l'emploie avec succès, pour les huiles devant servir à la fabrication de la bougie et des savons.

Le cocotier (*cocos nucifera*) est un arbre de la famille des palmiers.

Cocotier.

Il croît dans les régions intertropicales et principalement à Ceylan, aux Philippines, dans l'Inde et en Cochinchine.

Il atteint de 20 à 25 mètres de hauteur, le tronc mesure de 25 à 40 centimètres de diamètre, ses feuilles sont de belles et larges palmes dont quelques-unes mesurent de 4 à 5 mètres de longueur sur 1 *mètre de largeur*.

Sa culture demande un terrain chaud et humide; le voisinage de la mer, l'embouchure des fleuves sont particulièrement propices à son développement.

En Cochinchine, on le plante de préférence en terrain

un peu élevé, non inondé, mais auprès d'un cours d'eau pour faciliter l'irrigation.

Les principales plantations sont situées dans les arrondissements de Bentré, Vinhlong et Mytho. Elles représentent environ 16.000 hectares pour toute la colonie.

Plantations
et
Culture.

Le bon choix des noix de semence est très important. On doit les prendre mûres, non sèches, d'un vert brillant, de forme bien ovale, d'une écorce mince; elles doivent provenir d'un arbre vigoureux et bon producteur.

Les noix étant choisies, on les met en pépinières, on forme des planches dans lesquelles la terre est enlevée sur 15 centimètres de profondeur; on les place l'une à côté de l'autre, dans une position un peu oblique, la partie attenante au pédoncule dirigée vers l'extérieur. Les intervalles sont remplis de terre; on a soin de laisser émerger la couronne.

On abrite contre les rayons du soleil, on arrose et on recouvre le sol de paille ou d'herbe.

Comme la maturité de la noix de coco se produit durant toute l'année, on peut établir des pépinières à n'importe quel moment, mais à l'époque de la saison sèche, il faut arroser abondamment.

Les noix germent après quatre mois.

Quand les semis ont atteint 10 à 12 centimètres de hauteur, on les repique dans un terrain moins ombragé, on sépare les pieds de 40 à 50 centimètres.

Vers douze mois, ces arbustes sont transplantés dans des terrains ou champs plus vastes, à leur place définitive.

On les dispose de 6 mètres en 6 mètres sur terre-plein, et de 7 mètres en 7 mètres sur la ligne perpendiculaire comprenant le fossé d'irrigation pour faciliter la saturation du sol par les eaux. On a ainsi 12 rangées de 14 arbres, ou 168 cocotiers par hectare.

Dans les jeunes plantations, on utilise l'espace libre laissé entre les arbres pour la culture de bananiers et d'ananas qui sont conservés tant que les cocotiers ne sont pas parvenus à l'âge de donner des fruits.

Bien soignés, ils produisent après 6 et 7 ans; au plus tard entre 10 et 12 ans. La période de plein rapport dure de 15 à 30 ans.

Maturité.

La production moyenne est de 10 *noix par mois, ou* 120 *noix* par arbre et par an.

La vie d'un cocotier se prolonge de 80 à 85 ans.

Production.

Ses fruits mûrissent toute l'année; la récolte peut se faire en tout temps. Pour récolter les noix, on monte sur l'arbre, on détache le régime entier de cocos ou simplement les fruits mûrs, ceux-ci tombent sur le sol d'où on les transporte sur les lieux de préparation.

L'amande est dépouillée de sa double enveloppe par des procédés divers et fragmentée en morceaux; on la fait sécher au soleil ou au feu, puis on l'emballe dans des sacs pour l'expédition; c'est ainsi qu'on la livre au commerce sous le nom de *coprah.*

Préparation de l'amande.

Le rendement en amande séchée est de 250 grammes environ par noix; un hectare peut donc donner à peu près 20.000 cocos annuellement, soit 5.000 kilos de coprah.

Rendement.

Au prix moyen de 22 francs les 100 kilos sur les lieux de production, on aurait un revenu *brut* de 1.100 francs par hectare et par année.

On estime que les frais de culture (calculés sur une plantation de 10 hectares) sont de 500 francs environ par hectare. Resterait pour le colon-planteur un revenu net de 600 francs.

Frais de culture.

Mais les cocotiers ne produisent qu'à partir de la septième année; aussi trouve-t-on difficilement des colons pouvant immobiliser le capital nécessaire à ces plantations pour un temps aussi long. C'est pour cela que cette culture est relativement peu étendue en Cochinchine, où cependant le terrain est très favorable.

Les coprahs importés en France représentent :

Importations et Exportations.

En 1897 : 72,750 tonnes; valeur : 22.500.000 francs;
En 1898 : 74,765 tonnes; valeur : 23.925.000 francs.

La presque totalité provient de l'étranger.

La Cochinchine en a exporté pour diverses destinations :

En 1897 : 4.112 tonnes; valeur : 1.100.000 francs;
En 1898 : 3.084 tonnes; valeur : 910.000 francs;
En 1899 : 4.500 tonnes; valeur : 1.300.000 francs.

II. — **Industrie**.

Travail des riz. Décortication.

En dehors des industries locales exploitées par les indigènes, la fabrication de meubles en rotin, tissus de soie ou de coton, teintureries, vanneries, nattes, poteries, briques, carreaux et tuiles, à l'usage des Annamites ou des Européens, la principale industrie de la Cochinchine est la *décortication des riz*.

Tous les indigènes pratiquent, plus ou moins, la décortication du riz, cette céréale étant la base de leur nourriture quotidienne. Les procédés en usage chez eux sont variables, peu perfectionnés; de petits moulins à bras, mortier en bois dans lequel frappe un marteau qu'on fait basculer avec le pied, etc.

Mais ces procédés ne suffisent plus à décortiquer tous les riz ou *paddys* destinés à l'exportation.

On appelle *paddy* le riz à l'état brut, c'est-à-dire recouvert de son enveloppe ou balle dure et adhérente; pour l'enlever il est nécessaire d'employer le travail des meules; c'est ce qu'on appelle la *décortication*.

Rizeries à vapeur.

Aujourd'hui des rizeries à vapeur sont installées en Cochinchine; elles ont été construites sur les modèles perfectionnés des moulins établis par les Anglais en Birmanie et au Siam.

Il y en a sept à Cholon et une à Saigon. Les plus récentes ont coûté plus de 1.800.000 francs.

Force motrice et production.

Ces usines possèdent des machines développant une puissance variant entre 600 et 900 chevaux-vapeur. — On utilise la balle de paddy comme combustible. — Suivant leur outillage et le genre de travail à faire, les unes voient passer sous leurs meules de 700 à 900 tonnes de paddy par journée de 24 heures, et produisent de 500 à 700 tonnes de riz usinés. D'autres reçoivent, dans le même temps, de 400 à 500 tonnes de paddy, et produisent de 250 à 400 tonnes de *riz transformés*.

Le riz ou paddy, tel qu'on le porte de l'intérieur, est enveloppé de sa balle ; avant d'être livré à la consommation, il doit subir des opérations de meunerie appelées : *décortication, blanchissage et glaçage*. Transformation.

Le paddy, à son arrivée à l'usine, est versé dans un appareil nettoyeur qui le débarrasse des corps étrangers mêlés au grain (morceaux de bois, paille, écorces, pierres, poussière, etc).

Des élévateurs à godets, conduisent le riz sous des meules qui déchirent la balle sans attaquer le grain.

La balle est ensuite séparée du riz au moyen de ventilateurs et de trieurs.

Le paddy séparé de son enveloppe est appelé *riz Cargo :* c'est sous cette forme qu'il est expédié, en grande partie, en Europe ou en Chine, sous la dénomination de « Cargo 5, 15, 20 ou 30 0/0 de paddy », suivant qu'il contient plus ou moins de grains enveloppés de balle. Riz Cargo.

Après diverses opérations de meunerie, le riz Cargo, débarrassé de son excédent de paddy, est conduit à l'aide de traîneurs, au moulin à blanchir, contigu au moulin à décortiquer, pour y subir l'opération dite *blanchissage*.

Des appareils appelés *cone-mills*, ou *barley-mills*, genres de meules à émeri, tournant dans des cages en toile métallique, grattent et polissent le grain qui devient alors du *riz blanc*. Riz blanc.

On le débarrasse de la farine, produite par l'opération, au moyen de brosses. Les brisures, ou débris de riz laissés par cette transformation, sont ensuite tamisées et classées suivant leurs grosseurs.

Les riz entiers sont polis par frottement au moyen de peaux de mouton placées dans des tambours tournant sur eux-mêmes ; c'est cette opération appelée *glaçaye* qui donne au riz blanc cette belle et brillante apparence; ce fini que nous admirons dans les riz livrés à la consommation.

Après ces diverses opérations, les riz et leurs dérivés sont mis en sacs, pesés, puis embarqués, au sortir même de l'usine, pour la destination qui leur est assignée.

Les riz travaillés sont classés en plusieurs catégories, dont les prix varient suivant l'importance du travail effectué et la base d'achat du paddy aux cultivateurs :

1° Riz Cargo 2 à 30 0/0 de paddy;

2° Riz blancs nᵒˢ 1, 2, 3 (plus ou moins triés) ;

3° Brisures diverses (suivant grosseurs);

4° Farines de Cargo (provenant du Cargo);

5° Farines de riz blanc (ou farines blanches).

III. — Commerce.

Le commerce tient une place prépondérante dans la vie active de la Cochinchine et concourt pour une grande part à la prospérité de la colonie.

Les grandes maisons de commerce sont aux mains des Européens; les magasins de détail, dans les villes de Saigon et de Cholon, tendent de plus en plus à rester presque entièrement la propriété exclusive des Chinois.

Organisés en associations puissantes, les Chinois se soutiennent entre eux, un grand esprit de solidarité les unit; par leur patience et leur savoir-faire, quoique formant le petit nombre dans les villes de la colonie, ils deviennent des concurrents redoutables dans toutes les branches de commerce.

La presse locale, le Conseil colonial, les chambres de commerce, se sont émus, à plusieurs reprises, de cette invasion grandissante de l'élément chinois, qu'il est difficile d'arrêter.

Des magasins parfaitement achalandés, offrent aux amateurs de collections : des meubles incrustés, porcelaines, ivoires, bronzes, paravents, éventails, bibelots variés importés directement de Chine et du Japon.

Les vins et spiritueux, les conserves alimentaires, le sucre, les bières, liqueurs, bougies, savon de provenance française y trouvent des débouchés et un écoulement facile à des prix relativement réduits, la concurrence étant là pour niveler les cours de ces articles. *(Marchandises de France.)*

Les pétroles sont importés d'Amérique ou de Russie par cargaisons complètes, soit en caisses, soit par vapeurs-citernes.

Les tissus de coton français ont un écoulement assuré dans la population indigène ; les tissus étrangers, à cause de leur bas prix, s'y vendent malgré les droits protecteurs, mais depuis quelque temps les tissus français obtiennent la préférence des acheteurs. *(Tissus.)*

Les cotonnades représentent aux importations : en 1898, 13.948.000 fr. (France, 7.000.000); en 1899, 21.570.000 fr. (France, 12.000.000).

Les charbons de Cardiff, du Japon, du Tonkin (mines de Hongay), y trouvent placement pour les vapeurs de passage à Saigon et pour les usages industriels. *(Charbons.)*

Les produits exportés de la colonie par les maisons européennes et les grands commerçants chinois sont représentés par les riz, paddys, poivres, coprah, cornes de bœuf, peaux, benjoin, sticklaque, bois divers, soie grège, coton brut, porcs vivants. *(Produits du sol.)*

Les poissons salés et secs, le sel de Baria, forment un élément important du commerce.

Les importations en Cochinchine (numéraire et cabotage exceptés) représentent, en 1899, 66 millions de francs (dont la France, 29.500.000); en 1898, 55 millions de francs (dont la France, 23.500.000). *(Commerce de la colonie.)*

Les exportations du cru de la colonie ont été, en 1899, de 109 millions de francs, contre 106 millions en 1898.

Les poissons provenant en grande partie des lacs du Cambodge, figurent aux exportations de 1899 pour 7.362.000 francs.

Le tarif général des douanes de France est appliqué en Cochinchine avec quelques modifications publiées au *Journal Officiel* de la colonie du 9 février 1899. *(Tarif des douanes.)*

A leur sortie de Cochinchine les riz pour la France et ses colonies sont frappés d'un droit moindre que pour l'étranger.

Les sucres étrangers sont prohibés en Cochinchine.

Port de Saigon.

Le port de Saigon, à 70 kilomètres de la mer, est accessible aux navires du plus fort tonnage, les fonds à marée basse sont de 10, 12, 14 mètres et plus.

L'arsenal possède un grand bassin de radoub :

Longueur au couronnement, 152 mètres;

Largeur au fond, 19^m 88;

Largeur au couronnement, 26^m 88;

Profondeur totale, 9^m 50.

Cote du radier, au-dessous du zéro hydrographique 5^m,40;

Tirant d'eau du bâtiment pouvant entrer à marée haute, moyenne : 8^m 40.

Les bâtiments de commerce y sont admis, moyennant des droits de cession régis par des arrêtés locaux.

Il existe en outre deux petits bassins de 30 mètres de longueur sur 8 à 9 mètres de largeur; à tirant d'eau moyen : 3 mètres.

Travaux d'amélioration

Les vapeurs de lignes régulières, déchargent leurs marchandises à des appontements qui leur sont assignés.

Les chargements de riz se font ordinairement en rade, les cargaisons étant transportées des usines par chalands et embarcations ; on peut embarquer 400 à 500 tonnes de riz par jour.

Un projet d'agrandissement et d'amélioration du port est actuellement à l'étude ; il permettra à Saïgon d'être en harmonie avec les nécessités de la navigation moderne.

Il s'agit de la création de nouveaux quais sur la rive droite de la *rivière de Saigon* en aval de la *Rizerie Saigonnaise*, allant aux abords du *Fort du sud*, sur une longueur de 1.100 mètres ; les navires pourront y accoster par 12 mètres de fond à marée basse.

Une série de magasins ou docks de 25 mètres de largeur sera établie parallèlement au quai à 15 mètres de la berge; ils présenteront un développement longitudinal de 950 mètres environ.

Des voies ferrées longeant les quais et les magasins relieront le port avec la ligne du chemin de fer de Saigon à Mytho.

On augmentera le nombre des postes d'amarrage en rivière de façon à pouvoir en donner une vingtaine de plus en dehors du chenal.

Un perré incliné de 25 mètres de largeur sera établi sur la rive gauche de l'*Arroyo-chinois*, sur une longueur de 900 mètres, en amont du pont des Messageries, pour l'usage de la batellerie fluviale.

Un second pont destiné à la circulation routière sera construit à l'entrée du même arroyo, pour faciliter les communications entre le port et la ville.

Le projet prévoit pour ces divers travaux une dépense supérieure à *dix millions de francs.*

Quand les principaux chemins de fer de l'Indo-Chine seront terminés, nos villes de la Cochinchine, du Cambodge et du sud de l'Annam auront une grande facilité d'accès vers la mer, par le chef-lieu, pour les marchandises et produits, et ces aménagements, complément d'un réseau de voies ferrées bien compris, feront de Saigon un port de commerce de premier ordre.

Le tonnage officiel des navires de commerce entrés et sortis a dépassé 1.500.000 tonneaux en 1899, sans compter les jonques chinoises et les barques de mer annamites, qui représentent de 1.600 à 1.800 bateaux jaugeant de 35 à 40.000 tonneaux environ (moyenne annuelle). *(Navigation.)*

Les droits de phare et d'ancrage perçus dans le port de Saigon sont de 15 cents par tonneau de jauge à l'entrée et autant à la sortie, avec exemption partielle pour les navires chargés à destination de France, ou faisant une opération sur lest. *(Droits de port.)*

Les communications entre Saigon et les autres villes de la Cochinchine se font surtout par la voie fluviale, les canaux et arroyos si nombreux en ces régions; les chaloupes et barques indigènes transportent en tous sens les marchandises et produits. *(Communications avec la colonie.)*

La Compagnie des « Messageries fluviales de Cochinchine », service subventionné par la colonie, a établi des départs réguliers et fréquents reliant entre eux les points importants de la Cochinchine, du Siam et du Cambodge, et permet ainsi des communications à vapeur rapides et permanentes entre les centres et le chef-lieu.

Chemins de fer. — Le chemin de fer de Saigon à Mytho par Cholon, ligne de 72 kilomètres, à voie étroite, assure un va-et-vient continuel entre ces villes.

Courriers avec l'Europe. — En ce qui concerne les relations de la France avec la Cochinchine, elles sont assurées par la *Compagnie des Messageries Maritimes*, départs de Marseille tous les 14 jours.

Les courriers rapides (*via* Colombo) vont à Saigon en 22 jours. Ces derniers ne prennent pas de marchandises pour l'Indo-Chine, elles sont transportées par un autre vapeur (*via* Bombay) partant 7 jours plus tôt. Les paquehots directs effectuent le trajet en 24 jours.

La *Compagnie nationale de navigation*, dont le siège est à Marseille, a établi un service régulier de paquebots partant de Marseille pour Saigon et le Tonkin, le 1er de chaque mois, avec passagers et marchandises.

Le service postal d'Europe est en outre assuré par la malle anglaise (*via* Brindisi) et Singapore (Peninsular and Oriental Co), alternant avec le courrier français, toutes les deux semaines.

Transport marchandises et produits. — Des cargo-boats des Messageries Maritimes pour marchandises seulement, quittent Marseille pour l'Indo-Chine, tous les 28 jours. Ces vapeurs font escale à Londres, Dunkerque et Le Havre à l'aller et retour de Cochinchine.

L'Annam et le Tonkin sont reliés à Saigon par un service des Messageries Maritimes toutes les semaines.

Sans parler des autres navires qui passent par Saigon, il y a durant la saison des riz de nombreux vapeurs affrétés au mois, qui entretiennent des relations suivies entre Saigon, Singapore et Hongkong.

Enfin, des vapeurs portant de 5 à 6.000 tonnes et plus viennent prendre à Saigon des cargaisons complètes de riz pour la France, l'Angleterre et l'Allemagne.

Et nous ne parlons pas des vaisseaux de la marine nationale ou des nations amies qui vont chaque année promener leurs couleurs sympathiques et aimées dans les eaux de la Cochinchine.

Au point de vue des relations générales avec la métropole, les câbles télégraphiques reliant Saigon aux autres stations de l'Extrême-Orient permettent à tous d'avoir des nouvelles de France, pour ainsi dire, sans interruption.

Câbles.

La monnaie servant aux échanges est représentée par la piastre mexicaine ou indo-chinoise, qui a force libératoire dans les paiements.

Monnaie du pays.

En Cochinchine, comme dans les pays à monnaie d'argent la dépréciation constante de l'argent a entraîné la baisse progressive de la piastre, valeur d'échange, et rend difficiles et dangereux les placements locaux créés en piastres, et les transactions commerciales à longue échéance.

En 1890 la piastre valait dans la colonie la parité de 4 fr. 70 ; en 1897 elle tombait à 2 fr. 25 ; elle vaut actuellement 2 fr. 55 (taux officiel du trésor); taux des banques, change à vue sur Paris : 2 fr. 50 à 2 fr. 52 (juin 1900).

Le crédit est assuré par la banque de l'Indo-Chine privilégiée par décrets des 21 janvier 1875, 20 février 1888, et 16 mai 1900.

Banque de l'Indo-Chine.

Société par actions, ayant le droit d'émettre des billets à vue et au porteur, son capital était de 12 millions de francs (dont 3 millions versés).

Son privilège vient d'être prorogé jusqu'en 1920 et son capital porté à 24 millions de francs, par l'émission de 24 mille actions nouvelles de 500 francs ; les souscriptions ont été closes le 16 juillet 1900.

Au 31 décembre 1899 ses réserves étaient de 2.500.000 fr. les actionnaires ont touché un dividende de 25 francs par action soit 20 % du capital versé.

La succursale de Saigon est de toutes la plus florissante ; en 1899 ses affaires ont dépassé : 172 millions de francs.

Son encaisse au 31 décembre 1899 était de près de 5.000.000 de francs et ses billets en circulation atteignaient à cette date 18.000.000 de francs.

Voici comment se résume son bilan au 31 décembre 1899, (comprenant toutes ses succursales et agences de l'Indo-Chine, Chine, Inde, Nouvelle-Calédonie.)

ACTIF

Caisse..................	14.000.000	de francs.
Portefeuille...............	22.000.000	»
Avances sur nantissements.	10.500.000	»
Succursales et agences.....	6.000.000	»
	52.500.000	»

PASSIF

Capital versé.......... ...	3.000.000	»
Billets en circulation.......	31.000.000	»
Dépôts remboursables à vue.	16.000.000	»
Réserves..................	2.500.000	»
	52.500.000	»

Hongkong and Shanghaï Banking corporation.

Une banque anglaise dont le siège est à Hongkong, avec succursale à Saigon, établie sous la raison sociale « Hongkong and Shanghaï Banking corporation » partage avec la banque de l'Indo-Chine les affaires financières de la Cochinchine.

Fondée en 1867, son capital entièrement versé est de *dix millions de piastres.*

La réserve a été portée à 11 millions et demi par un prélèvement de 1.500.000 piastres sur les bénéfices de l'exercice 1899, après remise aux actionnaires de 1.244.500 piastres à titre de dividende, soit 12 1/2 % du capital.

Voici comment se résume son Bilan au 31 décembre 1899 (dans ses diverses succursales).

ACTIF

	PIASTRES.	FRANCS.
CAISSE..............	26.500.000	66.250.000
Lingots.............	8.000.000	20.000.000
Dépôt de garantie....	5.000.000	12.500.000
Titres et valeurs.....	18.000.000	45.000.000
Effets à recevoir......	90 000.000	225.000.000
Nantissements.......	60.000.000	150.000.000
Divers.............	500.000	1.250.000
	208.000.000	520.000.000

PASSIF

Capital.............	10.000.000	25.000.000
Réserves...........	11.500.000	28.750.000
Billets en circulation.	12.500.000	31.250.000
Dépôts et comptes courants.........	158.000.000	395.000.000
Effets à payer.......	15.000.000	37.500.000
Divers.............	1.000.000	2.500.000
	208.000.000	520.000.000

CONCLUSION

L'Exposition de l'Indo-Chine, dans ses remarquables pavillons du jardin du Trocadéro, donne un aperçu des résultats obtenus par la France en Cochinchine.

Les produits du sol qui y sont exposés, les ouvrages des arts industriels qu'on y admire, les renseignements sur son commerce qu'on trouve dans ses publications périodiques, démontrent une supériorité marquée qui la place au premier rang de nos possessions coloniales.

L'avenir de la Cochinchine est, pour tout observateur attentif, entièrement lié à son agriculture dont la prospérité s'accroîtra surtout par la culture intelligente du riz.

La Chambre de commerce de Saigon l'a si bien compris que, dans maintes occasions, elle a appelé la bienveillante attention de l'administration sur la nécessité qu'il y aurait à développer cette culture et en favoriser l'essor par tous les moyens possibles.

Son attention s'est portée particulièrement sur l'amélioration des riz de Cochinchine, soit par le choix et le triage des grains pour semences, soit par l'adoption de ses plus beaux grains pour les faire servir aux semences dans les divers arrondissements.

Des concours agricoles ont été organisés depuis 1897, dans le but d'intéresser les Annamites à l'amélioration du grain, et c'est après examen d'une commission que des prix ont été accordés aux agriculteurs ayant présenté des riz remplissant les conditions désirées. Ces concours ont été fort bien accueillis par les indigènes, ils sont continués chaque année.

L'amélioration des riz aura pour résultat un développement plus considérable de son exportation ; en raison des taxes qui frappent cette dernière, il y aura une augmentation de ressources pour le budget de la colonie; l'industrie des décortiqueries aura un aliment assuré par une production plus grande, et le commerce verra ses importations grandir avec la plus forte valeur de produits exportés.

Aussi les pouvoirs publics et tous ceux qui s'intéressent au développement de la Cochinchine et à sa prospérité agiront avec sagesse en favorisant par tous les moyens la culture des riz dans notre colonie indo-chinoise.

Colonisation : Agriculture.

Il y a encore des *centaines de milliers d'hectares de rizières* à prendre ; la main d'œuvre indigène est docile, bonne et façonnée au travail des champs ; l'écoulement des produits du sol est assuré et rémunérateur, mais les capitaux indispensables à toute nouvelle entreprise font défaut.

Le climat ne permettant pas aux européens de travailler la terre, les ouvriers de nos campagnes ne peuvent songer à s'établir à ce titre dans le pays.

Mais les colons français pourraient s'intéresser dans les grandes cultures de riz, s'associer avec les annamites, et en surveiller et diriger l'exploitation.

Les rizières deviendront une ressource suffisante pour l'européen, mais il faut pour cela disposer de capitaux assez élevés pour faire face à tous les frais d'installation et de culture en attendant les revenus et parer aux mauvaises récoltes.

Dans ces conditions on peut réussir surtout par le système du métayage : acquisition de terrains, emploi des cultivateurs indigènes qui s'installent avec leur famille sur la propriété.

Le Colon paie l'impôt, fournit les outils nécessaires, fait les dépenses utiles; une fois ses avances amorties il partage la récolte de riz par moitié avec l'Annamite.

On peut aussi s'occuper des cultures riches : poivre, café, thé, murier, coton, plantes à caoutchouc, tout en exploitant des rizières.

L'élevage complément de l'agriculture fournit aux colons des revenus supplémentaires.

Le bœuf, le buffle, le porc réussissent bien dans le pays.

Le gibier et la volaille y sont abondants ; les poissons nombreux dans les arroyos et rivières, ajoutés aux produits du sol sont une autre source de profit.

Les plantations bien dirigées deviennent productives à la longue, et ceux des colons établis en Cochinchine qui disposent de quelques capitaux et ont des ressources assurées en dehors de la culture, peuvent trouver le plus grand profit à confier leurs économies pour des entreprises agricoles, en des mains sures et laborieuses.

Le Ministère des colonies (*Office colonial*) tient à la disposition des émigrants des renseignements précis sur la colonisation.

Il a publié une *Notice à l'usage des émigrants* contenant des indications pratiques sur les prix de passages de France en Cochinchine, les conditions dans lesquelles on obtient des réductions ; on y trouve des notions précieuses sur le climat, l'hygiène, l'alimentation, le régime des terres et des concessions.

Un résumé des diverses cultures existantes et leur mode d'exploitation est ajouté à ces notes avec quelques mots sur les indigènes, les villes, le commerce, les emplois, les industries et les règlements en usage dans la colonie.

Cette notice est adressée sur demande, par l'Office Colonial contre envoi des frais de poste : 0 fr. 05 par exemplaire.

Les industries pouvant fournir des emplois aux Européens sont peu nombreuses actuellement.

Quand il y a des places vacantes elles sont bien vite occupées ; les chemins de fer qu'on va construire auront pour résultat d'augmenter le nombre de ces emplois.

Les rizeries à vapeur, les ateliers de réparations, constructions et montage de navires ou machines, les usines d'électricité, prennent dans leur personnel quelques Européens, comme ingénieurs, mécaniciens, chefs d'ateliers ou contremaîtres.

Il en est de même des distilleries, savonneries, huileries,

sucreries, scieries et briqueteries qui sont pour la plupart entre les mains des indigènes.

Les ouvriers annamites et chinois suffisent aux besoins des industries courantes : serruriers, forgerons, fondeurs, tourneurs, charpentiers, peintres, etc.

Commerce.

En dehors des administrations civiles et militaires et des carrières libérales, limitées dans la colonie, le commerce offre quelques emplois convenant aux Européens qui ne possèdent pas de capitaux.

Les magasins de vente au détail ont peu de places disponibles, le petit commerce étant presque en entier accaparé par les Chinois.

Les négociants en gros (importateurs et exportateurs), les banques et sociétés de transports, maisons européennes importantes, ont dans leur personnel des directeurs, agents ou employés recrutés dans la métropole.

Quelques jeunes gens ayant fait leur service militaire dans la colonie, acclimatés et connaissant les indigènes, demandent et obtiennent, à leur libération, des places dans les grandes maisons françaises : on leur donne la préférence.

Quand ils sont travailleurs et sérieux ils deviennent d'excellents employés ; beaucoup réussissent et arrivent à de bonnes situations.

Conseils aux Émigrants.

Ceux qui quittent la France pour aller en Cochinchine doivent s'assurer d'une somme mensuelle disponible pouvant leur permettre la vie confortable qui est nécessaire aux Européens pour s'acclimater.

Nous estimons qu'il faut avoir un revenu ou traitement minimum de 300 francs par mois au début.

Les colons ne doivent pas aller dans ce pays avant l'âge de 25 ans. Il est désirable qu'ils soient mariés et amènent leur femme en Cochinchine.

« Il faut que la femme française aille aux colonies pour
» y aider, y consoler, y soutenir son mari, pour veiller sur
» son bien-être, et sur sa santé ; pour lui assurer les mille
» soins indispensables et plus encore, les mille tendresses,
» la vigilante sollicitude et la chaude affection dont il

» aura si souvent besoin, au milieu de ses labeurs, de ses
» inquiétudes, de ses difficultés ! » (1)

Les colonies demandent un personnel de choix. Il leur
faut des jeunes gens d'élite, laborieux et dévoués; d'une
grande sobriété, d'une conduite irréprochable.

Que ceux qui veulent coloniser, ne l'oublient pas, ils
doivent posséder ces trois qualités précieuses, indispensables à toute fondation solide :

« *Respect, Obéissance, Travail* ».

Souhaitons de tels colons pour notre belle colonie !

Les amis de la colonisation bien comprise seront heureux
plus tard de recueillir dans nos possessions d'outre-mer les
fruits de tant de sacrifices soufferts par leurs devanciers:
la France oubliera les moments douloureux des premiers
jours de la conquête, et sa récompense sera de conserver,
d'améliorer, de rendre plus grands par le bien, des pays
conquis et pacifiés!

---

(1) De l'émigration des femmes aux colonies. J.-B. PIOLET. *Le Corres-
pondant*, 10 avril 1900.

Documents à consulter :

1° *Carte de l'Indo-Chine* au 1/1.000.000° de la Mission Pavie, 1899 (Challamel et Ce, Paris). Carte en 4 feuilles.

2° *La Cochinchine française* au 1/400.000^e, en 4 feuilles, par A. Koch (Challamel et Cie, Paris, 1900).

3° *Carte économique de l'Indo-Chine* au 1/500.000^e, exécutée sur l'ordre de M. Doumer ; figure à l'Exposition Universelle de 1900 (Palais des produits de l'Indo-Chine).

4° Collections du *Ministère des colonies* et Cartes du Bureau topographique de l'Indo-Chine (Ministère des Colonies, Paris).

5° Cartes et plans exposés par le *Ministère des Colonies* (Exposition Universelle).

6° Notice sur la *Cochinchine*, publiée par l'Office Colonial, (Palais Royal, Galerie d'Orléans, Paris).

7° Notices sur *l'Indo-Chine* publiées à l'occasion de l'Exposition Universelle de 1900, sous la direction de M. Pierre Nicolas (Exposition de l'Indo-Chine au Trocadéro).

8° *Journal officiel de l'Indo-Chine française.* — Première partie : Cochinchine et Cambodge ; 2 éditions par semaine (Paris, Challamel ; Saigon, imprimerie coloniale).

9° *Bulletin économique de l'Indo-Chine*, paraissant le 1er de chaque mois à Saigon depuis 1898 (Direction de l'agriculture).

10° *Bulletin de la Chambre de commerce de Saigon* (paraissant deux fois par mois), au départ du courrier français de Saigon pour l'Europe.

11° *Procès-verbaux de la Chambre de commerce de Saigon.*

12° La *Quinzaine coloniale*, (organe de l'Union coloniale française), paraît le 10 et le 25 de chaque mois. — Editeurs : (Challamel et Cie, 17, rue Jacob, Paris).

13° *Revue commerciale et coloniale de Bordeaux.* — (Paraissant le vendredi de chaque semaine.) Chazarenc directeur, 3, cours de Tournon, Bordeaux.

14° *Bulletin de la Société de Géographie Commerciale de Bordeaux*, paraît le 1er et 3e lundi de chaque mois.

15º *Les Missions catholiques au XIXᵉ siècle*, par E. Louvet, missionnaire en Cochinchine. — Desclée, de Brouwer et Cⁱᵉ, éditeurs, Paris et Lille).

16º *La France coloniale*, par A. Rambaud. — A. Colin et Cⁱᵉ, éditeurs, Paris.

17º *Banque de l'Indo-Chine*. — Rapport du Conseil d'administration ; Assemblée générale du 30 mai 1900. - (Paris, 34, rue Laffite).

18º *Hongkong and Shanghaï Banking Corporation*. — Rapport à l'Assemblée générale tenue à Hongkong le 17 février 1900. — (Londres, 31, Lombard Street. — Lyon, 19, place Tolozan).

19º *Conseils à ceux qui veulent s'établir aux Colonies.*

20º *Manuel d'hygiène coloniale*. — (Ces deux ouvrages ont été publiés par l'Union Coloniale Française, 44, Chaussée d'Antin, Paris).